제4시집
시와 디카시

김락향의 풍경소리

도서출판 오늘

시인의 말

바람이 없는 날에도

눈에 보이는 어스름한 문자들
마음에 들리는 어스름한 언어들
드러내 놓고 보니
때로는 절름발이고
때로는 불구의 날개이고
눈물 없는 슬픔
아픔이 고인 행복이고 사랑인가 싶기도 하지만,
어설프게 젖어 든 관습을 굴절시키느라
살아온 시간의 풍경
그 풍경들의 시간에 집착하는지도 모르겠다

오늘도 심심한 얼굴로 바라본다
흩어진 꽃잎들이 내가 알 수 없는 언어로
안착하는 것을
움직일 수 없는 나무들이 몸을 틀어가며
햇살을 핥아먹는 것을

시인 김 락 향

■ 목차 ■

운 명 ·· 11
노 후 ·· 12
일용직 ··· 13
등 ·· 14
미미한 것들의 풍경 ································ 15
사월 초순에 ·· 16
하물며 ··· 17
하루하루 사는 일은 ······························· 18
정월 초엿새 ·· 19
어쩌면 이 아니라 ·································· 21
간절한 기도 ·· 22
날아라 꿈이여 ····································· 24
기분이 우울한 날 ································· 26
풍 장 ·· 27
자화상 ··· 28
고도(高濤) ·· 29
신의 눈 ·· 30
하늘을 바라보다가 ································ 31
이웃집 대문에 조등(弔燈)이 걸린 날 ········· 32

우수(雨水)에 ·· 33
수행(修行) ··· 34
깨어난 슬픔을 밟고 ······································ 35
꽃잎 하나 피울 때마다 ·································· 36
착하게 살아도 ··· 37
어룽진 마음을 씻어주며 ································ 38
오월에 다다르면 ·· 39
뒷모습 ··· 40
인생수업 ·· 41
인 생 ·· 42
상고대 ··· 43
껍데기 ··· 44
내일을 만나기 위해 ······································ 45
오늘, 사랑만 하렵니다 ·································· 46
손 내밀어 봐요 ·· 47
폭우(暴雨) ·· 48
오늘 하루만이라도 ······································· 49
부릅뜨지 말라 ··· 50
이런 적 있나요 ·· 51

조율	52
한구석이 흘러내리는 여자	53
풀들의 환생	54
인생	56
표정	57
포 용	58
환 청	59
혼 동	60
말복 날 밤에	61
무사히 쓸쓸하지만	62
세월 따라	63
실감	64
빈 통이었다	65
모서리 하나를	66
멈춰 서서	67
진심이 감성에 입맞춤해도	68
여인의 가을	69
피는 것은 여러 날이었는데	70
탑	71

다 산 …………………………………… 72

투 시 …………………………………… 73

바람꽃 도솔암 ………………………… 74

초승달 ………………………………… 75

배반하고 싶어진다 …………………… 76

관계……………………………………… 77

산골 외딴집 …………………………… 78

생의 그림자가 내 사랑이었네 ……… 79

리셋(reset) 버튼 ……………………… 80

무심한 듯이 그렇게 …………………… 81

이 나이 먹도록 ………………………… 82

배웅하듯이 …………………………… 84

충전의 시간에도 ……………………… 85

옹이 같은 감정을 줍다 ……………… 86

절차탁마(切磋탁琢磨) ………………… 87

세로토닌(serotonin) …………………… 88

축 복 …………………………………… 89

주 름 …………………………………… 90

이럴 때가 있다 ………………………… 91

나비가 그리운 날	92
비 오는 날	93
자화상	94
별책부록	95
바람 부는 날	96
꽃	97
무인도	98
속삭임	99
마음 변두리를 맴도는	100
살어리랏다	**101**
쿠 폰	**102**
벽	**103**
망중한	**104**
이월 초닷새 아침에	105
눈이 부시도록 화창한 날	106
꽃 진 자리는	107
텅 빈 곳을 메우는	108
삶의 MSG	110
한 잎의 남자	111

민낯이 눈부신 어느 봄날 ················· 112
비 내리는 날 ····························· 114
겉돌고 있는 행성 ························ 116
풀······································· 118
인생····································· 119
꽃을 신고 ······························· 120
마무리 ·································· 121
입주름 ·································· 122
백세시대 ································ 123
아버지 ·································· 124
그렇게 먼 길이었군요 ··················· 125
소리 내 읽으면 ·························· 126
낙엽처럼 ································ 127

10 시와 디카시

운 명

나는 울었다
뜻하지 않는 순간에 죽어야 하는 운명에
남의 불행을 먹고 사는 기구한 팔자에
너도 울고 싶겠다

노 후

늙음은
찌꺼기나 쭉정이가 되는 것이 아니다
보라
삶의 선율이 선명한 저 뼈에서 번지는
은은한 여운의 빛을

일용직

여러분, 코로나 파도에 무너지지 않으려면
힘냅시다
여러분 파이팅 합시다 외쳐보지만
아, 남아도는 나

등

누군가에게 기댄다는 것은
수없이 마음을 다잡으며 머뭇거리는 것
살아낸 날과 살아내야 하는 날을
서로 나누어 가지는 것이다

미미한 것들의 풍경

늦가을 오후
수심을 재지 않고 깊어지던 숲에서
떨어져 나온
호졸근한 나뭇잎들
맥문동잎 사이에 웅크리고 있는 몇 날은
눈물이 지나가는 시간이고

어제와 그 어제의 내밀한 수채를 품어
동그랗게 말린 잎맥은 묵언 정진의 시간

저 나뭇잎처럼 해내지 못할 빛깔의 시간에
저 나뭇잎처럼 해내지 못할 묵언 정진의 시간에
마음이 자꾸 뒤척이는 것은
저들의 세상이
어쩌면 나를 키우고 있기 때문인지도

저 힘없는 나뭇잎들이 키우는 세상이
내가 된다

사월 초순에

각본에도 없는 흰나비 한 마리 출연하여
날개를 치켜드는 몸짓에
눈꺼풀 파르르 떨고 있는 허공을 바라보며
양지풀이 각본대로 드레스 한 겹을 슬며시 펼친다

이월 배경으로 대기시켜 놓은 크로커스꽃은
촬영이 늦어지는 바람에 각본에서 빠지고
깨어난 조상의 혼을 걸치고 어린 바람꽃들이
초록 깃발을 흔들며 등장한다

유난히 춥고 어두운 동굴 계단을 올라와
사월에 도착한 발간 알몸의 어린 것들을
모성으로 보듬는 봄볕의 잔잔한 호흡이
배경음악으로 흐르는데

아, 어찌하여
계절을 바꿔 입을 때마다
돌쩌귀 하나 없는 내 안의 싸리나무 문 한 짝
바람도 없는데 덜컹대고 있는지

하물며

같은 집에서 자고
같은 밥상에서 같은 밥을 먹고
같은 잔소리를 듣고
같은 관심을 받고
같은 것을 바라보고 자란 형제자매도
다른 길을 가고
다른 생각을 하는데
하물며
다른 집에서
다른 밥상에서 밥을 먹고
내가 알 수 없는 잔소리를 듣고
내가 알 수 없는 사랑을 받고
내가 알 수 없는 것을 보고 자란 사람이
다른 생각을 하는 것은
다른 길을 가는 것은 당연한 것

이상해할 것 없는 나와 너, 우리다

하루하루 사는 일은

이해하는 것도
그냥 맞닥트리는 것도
어디가 깨지도록 들이받는 것도
아니더라

손님 맞이하듯 정성스럽게 해야 하며
따스한 마음으로
떨어진 꽃잎 한 닢, 또 한 닢 줍듯이
해야 하는 거더라

어쩌다 슬퍼져도
쓸데없이 눈물짓지 않고

바람에 고요히 흔들리는 꽃처럼
기품과 향기를 머금어야 하더라

내가 삶에
삶이 나에게 화를 내지 않게

정월 초엿새

한 주가 너무 빨리 지나갔다
12월 마지막 주는 더 빨리 지나갔다

매번 소리 없이
표정 없이 나를 스쳐 지나가는 시간
풍선을 불 때처럼 호흡을 가다듬고
볼에 힘을 주었어야 했는데
유통기한이 표기되지 않은 시간 때문에
느슨해진 탓이다

사는 대로 살지 않고
생각하는 대로 살아야지 했지만
삶은 혼자가 아니라
나도 모르게 그만 떠밀리듯 나를 지나친다

때로는 맑은 하늘을 바라보며 빨래를 할까 말까
흐린 날은 김치찌개 끓일까
우거짓국을 끓일까 하다가 또 나를 지나친다

살다 보면 정신 번쩍 들 때가 어찌 없겠는가

새해, 일월 초엿새
화창한 하늘에 진눈깨비가 내려도
나를 찾아 나서야겠다
지나쳐 온 그곳에 마냥 머물러 있을 나를

사람이 아름답습니다

아무것도 보이지 않는 저 뜰에는
지난해 꽃을 피웠던 뿌리가 쉬고 있습니다

흐린 날 밤에도 별은 반짝이고
저 앙상한 나뭇가지 속에는
영혼이 맑은 어린잎들이 태동하고 있으며
길에 떨어져 발에 밟히는 상수리 열매 속에는
어린나무가 자라고 있습니다

보이지 않는다고, 드러나지 않는다고
아무것도 없는 것이 아닙니다

희망조차 없어 보이는 마음속에도
꽃은 피고 있으며
돌아갈 집이 없는 기죽은 마음속에도
찬란한 꿈이 자라고 있습니다

보이지 않는 것을
드러나지 않는 것을 보려고 애쓰며
공감하려는 한 마음속에
또 하나의 마음이 살고 있습니다

어쩌면이 아니라

그냥 저 봄이 나다
저 여름이 나고
저 가을이
저 겨울이 나다

세상 밖으로 머리를 내미는 새싹도
싹트려다 상처 입은 씨앗도
푸른 줄기도
피는 꽃도 꽃피우지 못한 꽃도 나다

비의 무게에 휘어진 초목도
바람에 꺾어진 나무도
잎을 펄럭이며 그늘을 품은 나무도
하늘을 나는 새도
날다가 날개가 부러진 새도 나다

간절한 기도

바람의 발치에 부딪혀 길 가운데로 밀려온
도토리의 기도 들어보았는가

"신이여,
눈도 귀도 청하지 않을 것이니
달려오는 저 자동차가 나를 비켜 가게만 하소서"

여기 길을 헤매는 낙엽의 기도 들어보았는가

"신이여, 귀도 다리도 청하지 않을 것이니
더 이상 방황하지 않고
한곳에 머물러 흙으로 돌아가게 하소서."

딸과 수화를 하던 어머니의 기도를 들어 보았는가

"신이여,
미소를 머금고 노래하는 내 딸의
아름다운 목소리를 들을 수 있게
단 5분만 귀가 열리게 해 주옵소서"

이렇게 누구에게는 기도가 인생인데

오늘 나는 밥을 먹고, 커피를 마시고
수다를 떨며 놀아다니다가 잠자기 전에 손을 모으고

걱정거리 하나 들어 달라고 기도한다
매일 복용하는 약을 먹듯이 습관적으로

날아라 꿈이여

태초부터 눕지 않는 정신으로
한평생 낭떠러지가 되어 살고 있는 식솔들은
배꼽을 탯줄에 매달아 살고 있다

여물어 가는 계절의 문장으로
세파에 시달리다가 언젠가 무디어져
탯줄과 배꼽 사이 벌어질 틈에 흘러나온
한 호흡으로
더 이상 살이 돋아나지 않는 계절의 끝
더 이상 피가 돌지 않는 그 이전부터
바람의 문장으로 노래를 부른다

즐거워도
슬퍼도
얼싸 부둥켜안을 수 없어
언제나 날개처럼 푸른 몸을 펄럭이는
잃어버린 꿈이여
가파른 바람을 타고 노를 저어라
저 언덕을 향하여
나뭇가지에서 벗어나
활짝 편 날개로 힘껏 저어라
가다가 침몰할지라도

이 노래는

때로는 바람을 뜯는 억새 합창처럼 들리지만,
여름날 바람에 화음을 넣어 부르는 싱그린 합창은
생에 도전이고 꿈을 이루려는 혁명의 함성이다

내 뜰에서
한 번도 외출한 적 없는 저 나뭇잎들
바닥에 닿아서야 얼싸안고 구르는
나지막한 합창에서 흐르는 마른 낙엽 냄새에
또 한 계절이 저문다

기분이 우울한 날

하늘이 구름 한 점 없이 푸르다고
애써 행복한 척 말아요
애써 눈웃음도
새침한 표정도 짓지 말아요

힘들잖아요

어색한 표정으로 웅크리지도 말아요
외딴섬 같은 눈빛도 말아요
모서리가 있는 표정은 더더욱 안 돼요

누군가는
갈아입는 옷 중 하나가 고뇌라고 했다지요

속이 훤히 보이는 햇살로 갈아입고
한 번도 가지 않았던 길을 걸어보아요
무뎌진 감정이 말을 걸어올 때까지

상(喪) 중이다
허물 한 조각씩 내려놓으며, 사르며
사바를 떠나는

자화상

거칠고 막막한 세상을 떠돌다가
불쑥 맞닥트린 벼랑 끝
신전인 양
간절한 기도에 든 저 고해성사

고도(高濤)

삶의 물결이
아무리 거칠게 휘몰아친다고 해도
우리는 내일을 위해 꽃을 피운다

신의 눈

보고 있다
마음 모퉁이까지 다 보고 있다
아주 오래된 비밀까지 다 알고 있다는 듯한
저 신의 눈에 들키고 말았다
오늘, 호젓한 길섶에 슬그머니 내려놓은 미움 한 덩이를

하늘을 바라보다가

눈을 지그시 감았다
눈을 감고 가만히 있기만 해도
편안해지는 마음이
기도라는 것을 알았다

태양을 향해 손을 모으듯 잎을 틔우는
작약의 몸짓도
모든 새순을 지그시 안아주는
태양의 눈빛도
정원에 물을 주는 여인의 손길도
기도다
박스를 모으는 할머니의 걸음도
까맣게 탄 어머니의 속내도
소금기 얼룩진 아버지 등도 기도다

곡식이 여물어 고개 숙이는 것도
노을이 붉은 것도
어르신들 함몰된 입도 기도 때문이고

이웃집 대문에 조등(弔燈)이 걸린 날

아침부터 비와 바람의 행렬이
오후가 되어도 끊이질 않는다

솔방울들은 텀블링 놀이를 하다가
저마다 턱을 괴고 앉았고

나는 방에 군불을 넣고
저녁밥도 일찍 먹고 밖을 보니
아직 비와 바람의 행렬이 이어지고 있다

쑥부쟁이는 소나무 밑에서
나는 처마 밑에서 웅크리고 보고 있다
축축해진 몸이 으슬으슬 춥다

상주들도 하늘을 바라보며 처마 밑에서 서성인다

도대체 몇 개의 정류장과
몇 번의 환승역을 거쳐서 오는 걸까
비와 바람의 조문 행렬은 언제쯤 다 도착할까

우수(雨水)에

빗방울 후드득 떨어질 듯한 이월 십구일 오후를
아무 생각 없이 걸었다
느닷없이 하나둘 떨어지는 눈송이를 탓하려다가
그냥 말없이 걸었다
뒤에서 마냥 따라오는 바람을 무시하고 걸었다
발목을 휘감는 낙엽도 무시하고 걸었다
바람과 낙엽이 나를 툭툭 치며 앞질러 간다
낙엽 한 무리 내 발밑에서 부서지는 소리 상냥하다
나도 생애 마지막 가을을 맞이하면 저 낙엽처럼
상냥한 소리로 누군가의 삶을 잠시
가벼이 할 수 있을까를 생각하며 걸었다
걷다가 바위에 걸터앉았다
로댕의 생각하는 사람처럼 턱을 괴고 있는데
며칠 전 떨쳐버린 번뇌가 느닷없이
절친처럼 다가와
상냥한 가랑잎 소리 잊고 잠시 고뇌하며 걸었다
그래도 가지런한 걸음으로 걸었다

수행(修行)

일용할 양식을 위해
좋든 싫든 매일매일 일터에 가서
어제의 슬픔이 씻기기를 애쓴다

몸이 아프다던 빵집 주인은 오늘도
빵을 굽고
하루 푹 쉬고 싶다던 커피집 청년도
커피를 내리고
삼시세끼 밥상 차리기에 질렸다고 하던 나도
여전히 밥상을 차리고 있으며
잡초 뽑는 일이 지겨워도 어쩔 수 없이
또 뽑는다

어떤 날은
마음이 맑아질 때까지 먼 산을 바라보며
마음이 고요해질 때까지 눈을 감는다

아, 사는 것이 다 수행이다.

깨어난 슬픔을 밟고

산수유가 허공에 노란 꽃무늬를
빼곡히 그려 놓았네요

막 태어난 어린 잎사귀들이
빨아먹다 흘린 햇살 즙을 바람이 씻어주고

여기저기
흙을 밀어 올리고 한 모금의 세상을 들이키는
혼잡해진 봄의 입구에서
혼잡하게 서성이는 사람들 꽃물 들어 떠나고
다시 채워지는 사람들을 말갛게 헹구는 봄

머지않아 저 고운 봄
공들이지 않아도 밀려날 테지요

내 꽃자리에 젊은 꽃이 채워지듯이
어쩔 수 없이
공들이지 않아도 그리될 테지요

꽃잎 하나 피울 때마다

드러난 꽃의 입구 발그레한 빛이 곱다

통증 하나 터져야 꽃잎 하나 피운다는데
터트린 통증이 저리도 고울 수 있다니

꽃잎 하나 피울 때마다
슬픔이 밟고 지날 때 터지는 것이 통증이라고
그 통증으로 터지는 것이 울음뿐인 줄 알았는데

아침의 시처럼 피어나
마주치는 마음 뒤편까지 곱게 일으켜 세우는

꽃의 통증은 어떤 느낌일까

터질 듯 터질 듯 터지지 않는
내 안에 아픈 석류 한 송이
터져서야 화려하게 다 쏟아내는 이런 느낌일까

잊을 뻔했다
모든 탄생은 통증으로 피어나고
통증으로 지는 것을

착하게 살아도

티끌 하나 없는 작약꽃이
선하게 고운 튤립꽃이
사월 어느 날
우박에 맞아 꽃잎 다 떨어지고
산비탈에 호젓이 핀 진달래도
산산이 부서지고

느닷없이 쏟아지는 소나기에
노란 꽃 빛이 환한 낮 달맞이가
분홍 꽃 빛이 해맑은 낮달맞이가
뺨을 흠씬 맞고
눈물 마르기도 전에
세찬 바람에 시달리다가
어찌할 도리 없이 무릎을 꿇었습니다

착하게 곱게 살아도 맷집이 필요하네요

어룽진 마음을 씻어주며

이월 그믐날
언 땅속으로 하염없이 기어들어 가는
햇살의 몸짓을 보았습니다

사월 중순에도
메마른 땅속으로 하염없이 기어들어 가는
빗방울을 보았습니다

저 높은 곳에서 온 것들이
낮은 곳으로 낮은 곳으로
하염없이 바닥이 되는 몸짓을

그 몸짓에 무럭무럭 자라 오월이 된 자연
싱그러움을 보면서 생각합니다

저들 사이에는 내가 가늠할 수 없는
사랑과 기쁨이 있다는 것을

오월에 다다르면

새순에 봄비 내리는 소리 들어 봐

가슴 깊이 박혀 있는 원죄까지
씻어줄 것 같은
착한 복음서 같은 어린 초록을
읽어 봐

마음 활짝 열고 들이켜 봐
풋사과 냄새가 느껴지는 오월을

마음으로 살짝 깨물어 봐

침울하고 뒤틀린 것들이
톡 터진 오월의 즙이 밀려들면
서럽도록 맑은 풀빛 세상이 될 거야

문을 활짝 열어 봐
마음이 창백한 이여

뒷모습

언제부턴가 뒷모습이란 글자가
배고플 때 먹던 나물죽처럼 찾아온다

배고파도 티 내지 말고
슬퍼도
외로워도
미워도
속이 상해도 티 내지 말라는 말도

세상의 모든 초목은
옥토와 박토에 피는 온갖 꽃은
어미의 젖꼭지를 빨며 자라지 않아서
어미의 가슴을 푹푹 끓이지 않아서
그 어떤 잔소리도
그 어떤 규칙에도 얽매이지 않아서
해맑은 모습으로 향기까지 품게 되는 걸까

저 작은 씨앗 속에 뛰어들 수만 있다면
모든 씨앗처럼 고요히 엎드려 있으면
햇살은 햇살대로
바람은 바람대로 내게 다가와 몸이 되면
티 없는 삶이 될까
사람인 나도 그리될 수만 있다면

인생수업

결국에는 갈아치워지는 소품이 되는
상처에게
얼마나 아픈가를 물어보지 않는다
그냥 되어보는 것이다

인 생

그냥 걷는다
순간순간 닥치는 고단을 짊어지고
이야기하며 끄덕이며 걷고 또 걷는다
삶으로 동화될 때까지

상고대

나비가 날아야만 꽃인가
한 땀 한 땀 이어 붙인 저 밤안개 촉수
차고 맑은 꽃이다

껍데기

울어준 날보다
외롭게 한 날 많았던
내가 파먹은 엄마 가슴

내일을 만나기 위해

햇볕을 거저 받으며
토끼처럼 하루를 공짜로 뜯었습니다
고마운 마음도 없이 말입니다

오늘을 아끼며 가꾸어야 하는 걸 몰랐습니다

거듭 맞닥뜨릴 때마다 서성대지 않고
마음을 다잡고 뛰어들어
아쉬움 없이 헤어져야 했는데
골고루 생각할 틈 없어
내 발끝에 무심코 버린 내가 쨍그랑 깨져도
무심했던 마음이 그냥 저물어서
내가 나 같지 않아서
해 질 무렵이면 늘 목이 말랐었나 봅니다

내일을 떳떳하게 만나기 위해
이제부터라도 오늘에 감사하며
나를 사랑하며 살겠습니다

오늘, 사랑만 하렵니다

나를 초대한 오늘을 사랑합니다

거듭 다가오는 낯선 시간에 익숙해지느라
돌아보지 못한 나를 사랑합니다

살아가는 것이 서툴러서
다정을 주지 못한 당신을 사랑합니다

서투른 삶이 힘들고 숨이 차서
살뜰히 보살피지 못한 내 아이들을
사랑합니다

서정주 시인의
나를 키운 건 팔 할의 바람이었다는 말을
뼈저리게 사랑합니다

손 내밀어 봐요

꽃이 졌다고 서운해 말아요
꽃을 피우기 위해 치켜세운 대궁에
가만히 손 내밀어 봐요

꿈이 꺾였다고 아파하지 말아요
설렘이 차올라 출렁이던 가슴에
가만히 손 올려 봐요

주눅 든 상처를 초대하듯 가만히

꽃이 진 자리에
꿈이 시든 자리에
외로이 영글고 있는 씨앗 주머니에
가만히
가만히 손 내밀어 봐요

폭우(暴雨)

백일홍 꽃잎에 맺힌 물방울은
누구의 눈물인가요

들을 건너 내 뜰에 헉헉거리며 당도한
습하고 뜨거운 기운은 누구의 한숨인가요

이토록 늦은 한밤중에 느닷없이 쏟아붓는
물 폭탄은 누구의 폭력입니까

그 폭력에
사람들이 초목들이 쓰러지고 부러진 것은
누구의 형벌을 대신한 것입니까

대체 누구입니까

오늘 하루만이라도

아무것도 하지 않고 그냥 있으리라

잠깐 찾아온 기쁨도
머물다가 간 그리움도
뜬금없이 배달된 근심 한 벌도
다 내려놓고

풍경 한치도
남김없이 폭폭 익히느라
입김 푹푹 내쉬는 중복도
못 본 체하리라

저 하늘 뭉게구름 위에
노을 한 벌씩 껴입을 때까지
아무것도 하지 않고 있으리라

오늘 하루만이라도

부릅뜨지 말라

뭉게구름 그 너머 하늘을 보려면
눈을 부릅뜨지 말라

탱탱한 석류알을 탐하듯 눈을 부릅뜨지 말라

부릅뜬 눈은
백일홍꽃
양귀비꽃
장미꽃
자그마한 풀꽃 섬세한 아름다움조차
볼 수 없고
수채 내면에 흐르는 긴장을 느낄 수 없다

마주친 눈동자에 흐르는 정감을
자기 내면의 소소한 감정을 놓치는 것은
부릅뜬 마음 때문이다

급작스럽게 지구가 회전한다 해도
부릅뜨지 말고 조용히 눈 감아 볼 일이다

이런 적 있나요

차를 몰며 헝클어진 생각을 창밖으로
하나씩 버리며 달리다가
커피숍도 하나 없는 길가 주차장에 정차하고
누군가를 기다리듯이 어슬렁거려 본 적 있나요

청명한 하늘이
소낙비 퍼붓듯이 하는 햇살은 왜 그다지도
눈이 부시던지
참새들은 마냥 즐겁고
구름은 어찌나 한가롭게 노니는지
하늘 푸른 눈매는 한없이 그윽하고
산은 어찌 그리도 한결같이 푸르기만 하던지

더더욱 마음을 외롭게 부추긴 것은
말없이 눈썹 위로 무심히 내려앉는 햇살과
하늘 깊은 눈매와 웅성거림도 없이 나를 바라보는
덤덤한 나무들 때문인지도 모르겠습니다

이렇게 커피숍도 하나 없는 길가 주차장에서
오지 않는 이를 기다리듯이
마냥 어슬렁거려 본 적 있나요

조율

밭에 비닐을 씌우다가 각이 맞지 않아
투닥투닥 싸운다

같이 일을 하면서도 일머리가 달라
서로 지적질 하다가
서로 방관하다가

생각해 보니 너무 종일 붙어서 살고 있다
늘 같은 일을 같이하면서
다른 생각에 세련된 유머도 다 소비하고
늘 붙어서 눈을 흘길 때 안구를 갈아 끼울 생각을
왜 못했는지
권태 앞에 어찌하여 순살자이처럼 허물어지는지
어쩔 수 없이 매일매일 종일 붙어살면서
때로는 언제 싸웠냐는 듯이
때로는 언제 미워했느냐는 듯이
순살치킨처럼 말랑해져 일상을 조율하며
간짜장을 사랑 정식으로 먹고 있으니

한구석이 흘러내리는 여자

늘어진 어린줄기 끝
바람의 숨을 몰아쉬고 있는 나뭇잎 하나
조심스레 잡아당기는 여인

도마뱀처럼 잎 하나 순간 끊어내고
팔을 오므린 어린줄기 파르르 떠는 몸짓이
주삿바늘에 찔려 파랗게 흘러내리던
아기의 몸 떨림 같아
여자의 몸 한구석이 흘러내린다

인간의 체온에 살을 덴 식물
한 구석이 무너져 바닥에 떨어지고
남은 꽃잎들 파르르 흔들리는 것이
간절한 몸짓 같이 느껴져
여자의 몸 한구석이 또 흘러내린다

햇살 가득 머금은 꽃잎
뽀얀 속살이 먼저 보낸 아기의 몸 같아
여자의 몸 한구석이 영원히 흘러내리고 있다

풀들의 환생

늘 푸른 소나무가 덤덤한 산 아래에는
늘 땅을 보고 사는 여인이 있다

이른 아침에도
태양이 쏟아지는 대낮에도
비가 오는 날에도
땅거미가 깃드는 저녁에도
땅만 보고 사는 여인

잡초 하나하나
꽃잎 책장을 넘기듯 넘기는 여인의
손톱 밑에는
잡초의 눈물이 배어있다

억척같은 바랭이 뿌리에서
명아주와 씀바귀
돼지풀 쇠뜨기와 이름 모를 풀들의
울음소리도

손톱 밑에 쌓인 시퍼런 울음 무게를
여인은 저울에 달지 않는다

비누로 문지르면 풀빛은 지워지지만
눈물의 무게는

여인의 손톱 밑에서 자라다가
봄이 되면
여인을 앞세워 진달래꽃을 따 먹는다

인생

어디든 비는 내린다
내리는 비 양은 다 다르지만
누구나 다 젖는다
젖는 양도 다 다르지만

어디든 여름 태양은 뜨겁다
그 뜨거움에 누구든지 다 땀을 흘린다
흘리는 땀의 양은 다르지만

언젠가는
비도 땀도 뽀송뽀송해진다
뽀송뽀송해지는 데 걸리는 시간은
다 다르지만

그러니까
웃는 때는 다 다르지만
누구든 언젠가는 웃는다

표정

침묵이 금이라 하더라도
바람 닿으면
저렇게 자유롭게 흔들려야 살아 있다
말할 수 있지!

포용

기다린다. 피붙이들을
기다린다 이웃을
누구든 말 걸어오기를 기다리며
활짝 열어 놓은 저 겹겹 마음의 문

환 청

하루가 지나고 한 달이 지나고 몇 해가 지나도록
길 위에서 헤매고 있는 내게

너 어디에 있느냐
신의 소리가 들린다

때때로 내가 어디에 있는지 헷갈린다
내가 머무는 곳에 마음이 없고
마음이 머무는 곳에 내가 없을 때가 있으니

말복 날 밤에

푸르다 못해 검푸른 나무숲에는
왠지 매미 소리 들리지 않고

지난해 밤마다 그리도 요란하던
개구리 떼창도
두꺼비 구애 소리도 들을 수 없구나
했더니

작은 청개구리 한 마리
문설주에 붙어서
청량한 소리로 가락을 길게 읊으니
잠이 더디 눕는구나

무사히 쓸쓸하지만

성처럼 둘러쳐진 소나무는 "오늘도 퍼렇게"란
묘비명을 적은 비석처럼 서 있다

벌과 나비들도 마실을 갔는지
산국도 구절초도 마음 둘 곳 없어
열없이 하늘만 쳐다보고 있다

새들조차 외출하여 적적하구나

그래, 내가 대신 불러줄게
말 못 하는 너희를 대신하여

무료함을 깨우는 바람을
사랑하고 사랑받는 순간을 그리워하는
벌 나비를

진실로 그리운 마음으로 불러줄게
쏘다닐 수 없는 너희를 대신하여

세월 따라

청춘이 무르익기까지는
그리도
힘들더니만
늙는 건 잠깐이네

골고루 쳐다볼 틈 없어
다독일 여유도 없이
사라지는 건 아주 잠깐이네

실감

사과나무 한 그루 심어 놓고
봄을 견디고
잎 무성해지는 것을 보고
여름을 견디고
나뭇잎 다 떨어질 때 다음 봄을 생각하며
겨울을 견뎠다

견딘다는 말에는 희망이 자라고 있다

그래서
견딘다는 말은 기다린다는 말
기다린다는 말은 사랑한다는 말
사랑한다는 말은
한 아름의 실감을 안아보고 싶다는
말이다

빈 통이었다

조금씩 비워내며 살아야 한다는 말에
비워내며 살려고 애를 쓰다가
도대체 무엇을 비워냈는지
무엇 하나라도 덜어내기나 했는지 알 수 없었다
그 무언가 꽉 찬 듯한 든든한 마음이 어디서든
주눅 들지 않았었는데
비워 낼 것이 없다니
아니 덜어낼 것이 없다니
여태껏 빈 통처럼 텅 비어있었단 말인가
봄날 꽃비가 내 안에서 처연하게 흩날릴 때도
가슴을 휘돌아 나가는 바람 서늘함을 느끼면서도
내가 비어 있었다는 것을 몰랐다
봄날 흘러든 꽃물이 내 몸 바닥에서 찰랑거렸던 것도
한여름 몇 날을
나무들 권태를 빽빽하게 품고 있었던 것도
겨울 눈 발자국 내 안에 폭폭 쌓인 것도
내 속이 비어있었기 때문이라는 것을 몰랐다
그동안 나는 속이 텅 빈 통이었다

모서리 하나를

땅에 떨어진 사과가 시커멓게 물러진다
땅에 떨어진 모과도 시커멓게 썩는다
책상 위 탱자 색이 변하면서 쪼그라든다

이 둥근 것들은 떨어져 상처가 나도
그 상처가 썩어가면서도
짙은 향기를 풍기고
시커멓게 말라가면서도
은은한 향기를 머금고 있다

어쩌다 어찌할 수 없는 순간에
둥글지 않은 내가
나락으로 굴러떨어져
상처가 벌겋게 덧나다가
시커멓게 상하더라도
저 둥근 과실처럼 짙은 향기가
향기가 되려고
모서리 하나를 해저물녘까지 도려내고 있다

멈춰 서서

진달래꽃에 핀 맑은 아침햇살을
추억이 포개 앉은 찔레꽃을
오래 바라본다

참새의 한가한 시간도
담장 짙어지고 활짝 웃는 장미꽃도
적막이 쨍그랑 깨지도록 깔깔 웃는
아이들 얼굴도

책 읽는 남편 옆모습도 오래 바라본다

내일, 또 내일
이러한 모습 앞에 내가 없을지도 모르니까
이러한 모습이 내 앞에 없을지도 모르니까

진심이 감성에 입맞춤해도

올해에는 유독 눈이 녹기도 전에
봄볕이 무르익기도 전에
크로커스 하얀 꽃봉오리가 뾰족뾰족 돋아나서
찬바람을 걷어내기가 조심스러웠었는데

여름에는
고샅길 무성한 단풍나무 아래 들어섰을 때
일렁일렁 넘치는 그늘을
어디에 담아 둘 수 없어서 아까웠고

가을에는
단풍나무가 고샅길에 쏟아 놓은
붉디붉은 가을을 함부로 쓸어버리기가 미안해서
그대로 두었다

따뜻함을 가득 품은 찬란한 단풍이
내 감성에 입맞춤해도
한 계절을 살아낸 진심을
내 안에 다 담을 수가 없어서 또 미안했다

여인의 가을

상수리 나뭇잎 하나둘 떠나가네

뜰에서 뒤척이던 가을이
한 평의 지분도 남기지 않고 모조리
소비하고 떠나가네
여권도 없이 국경을 넘어가네

휴일처럼 설렁한 산과 들에는
어제도 오늘도 흐느끼는 저 바람
껴입을수록 추운
밀려드는 황량한 세 글자를 어떤 재주로
허물 수 있으랴

뜰을 서성이는 낙엽들조차
가슴 속 깊이 잠든 바람을 자꾸 깨우네

가슴에 남아 있는 붉디붉은 가을의 파편
저물면서
저물면서 더 빛나는 슬픔이여

피는 것은 여러 날이었는데

소낙비에 고개 숙이더니
바람에 꽃잎 하나둘 내어주는구나
괜찮은 거니?
너의 삶에 관여할 수 없어 바라만 보는구나

바람결에 흔들리는 너의 명랑한 속삭임과
바람결에 실려 온 너의 향기와
햇살에 찬란히 빛나던 너의 수채에
그 어떤 성직자의 설교보다도 큰 위안이었고
사랑이었는데

빗물에 씻기우는구나
바람에 흩어지는구나

피는 것은 그리도 여러 날이었는데

서운한 마음 전할 틈도 없이 사라지는구나
손님처럼 머뭇거림도 없이 멀어지는구나

탑

꿈을 이루려고
날마다 몸을 헐어 가닥가닥 쌓아 올린
저 아름다운 통증
얼마나 눈부신가

다산

바람이 자꾸 촉진제를 써서
곧 분만할 것 같다는 문자가 왔다
급히 달려가니
허공이 만삭의 몸을 받고 있다

투 시

아무리 아니라고 참 위정자라고
중용(中庸)이라고
뼈를 품지 않았다고 하지만,
다 보이는 것을 어쩌누

바람꽃 도솔암

왜 그러고 있니
쉿 조용히 해
낙엽 암자에서 수행 중이야

아, 저 힘없는 것이 스스로 배경이 되어
세상이 아름다워지네

초승달

어찌하여,
무슨 사연 있어 그리 되셨나요

밤하늘을 홀로 건너가는
창백한 모습
장독 위에 올려놓은 차돌보다
더 희고 차갑습니다

무슨 사연 그리도 아파서
무슨 사연 그리도 그리워서

얼마나 많은 눈물 쏟아내어
가늘게 야윈 당신

배반하고 싶어진다

벌겋게 취했다
노랗게 취했다

그래, 저 가을은 술이었네

취한 나뭇잎에 뺨을 대었다가
속살까지 무작위로 범하는
가을 햇살

그만 배반하고 싶어진다

얼싸안은 한 몸이

저 가을 햇살을
저 가을 단풍을

관계

장미꽃을
찔레꽃을 바라보고 만져 보고
향기도 마셨다
인동덩굴꽃 꿀을 빨아 먹기도 했으나
꽃향기는 내게 배어들지 않았다
아무래도 꽃의 삶에 관여하지 않아서다
나비처럼 벌처럼
진실로 들여다보지 않아서
그들의 향기가
나에게 스며들지 않은 것이다

커피를 같이 마셨다고
밥 한 끼 같이 먹었다고 속마음까지
내게로 오는 것이 아니지 않은가
진실로 생 일부라도 나누어야 마음 한 자락
같이 가질 수 있는 것
꽃이나 사람의 관계도 별반 다르지 않다.

산골 외딴집

산에 갔다가 내려오는 길옆 허름한 집 뒤꼍에서 환하게 웃는 황매화와 눈인사 하고 토담 옆 모과나무를 지나 마당을 가로지르는데

햇살이 제집인 양 길고 좁은 마루를 다 차지하고 한가하게 누워 인기척에도 꼼짝하지 않고

문짝은 삐딱하게 제쳐지고 방 안에는 벽을 잡고 매달린 시렁하나가 지쳐 미동도 하지 않는다

웃자란 잡초를 피해 돌아 나와 뒤돌아보니 활짝 열린 문 움푹한 눈 같아 불현 듯 외면하다가 다시 돌아보았다
하얗게 지새우며 집을 지키고 있는 모과나무와 황매화의 환한 슬픔을

한가하게 누워있는 햇살 흔적 하나 남기지 않고 홀연히 떠나면 누가 저 깊은 적막에 함부로 발을 담그랴

저녁이 되면 앞산이 그만 자라고 토닥이며 어둠을 덮어주어도 밤하늘 별처럼 깜박이며 잠들지 못할까 싶다

생의 그림자가 내 사랑이었네

슬픔이 내 곁에 다가온 날
기쁨이 저만치서 지켜보고 있었다
기쁨이 내 곁에 다가온 날
슬픔이 저만치서 지켜보고 있었다

햇살이 가슴에 안기면
그늘이 등에 웅크리고 있듯이
차고 맑은 기운이 반짝이는 모서리
우묵한 곳에 그늘을 숨기고 있듯이

슬픔과 기쁨은
나와 늘 교대로 동행하며 걷고 있었다

그래도, 졸리면 자게 하고
커피 마실 여유도
명상이나 공상에 들게 하는 한가로움도 베풀면서
마음의 키를 재고 있었으니
이 둘을 감당하다가 언제부턴가 사랑하게 되었다
나도 모르게

리셋(reset) 버튼

내 몫의 인생을 감당하다가
한 번도 만난 적 없었던 고통과 맞닥트렸을 때
거듭되는 실패로 실망마저 졸도했을 때
내 의지와 상관없이
수시로 찾아오는 슬픔 맨 뒷장에
슬픔의 바퀴 자국에 납작해진 행복이
시들한 부록으로 붙어 있을 때
불운이 나를 쫓아 올 때
행운이 나를 무시하고 지나갈 때
인생이 애꿎을 때
지워버리고 싶었던 수많은 날에
만약
리셋버튼이 있었다면 거듭 초기화된 인생 때문에
내 인생이 지금 여기까지 올 수 있었을까?

기타나 피아노처럼 인생도 조율하며 살아야 했다
내 인생에 리셋 버튼이 없어서 얼마나 다행인가

무심한 듯이 그렇게

꽃에 물을 줄 때도, 꽃 한 송이 꺾을 때도
꽃이 나를 보고 있다

집 쪽으로 휘어있는 산비탈 나무들이
사계절 내내 나를 보고 있고
내가 지나갈 때마다 풀이 출렁인 것도
나를 바라보는 몸짓이다
마루에 앉아 마당을 오가는 나를
시시때때로 지켜보며 지적하던 어머니처럼
잘못 놓인 내 퍼즐 조각을
장난감을 가지고 놀던 손자가 지적하듯이
그렇게 무심 뒤에 앉아서 바라보고 있다
하늘 깊은 눈동자도
신호등 빨간 눈동자도
내 안에 박혀있는 양심이란 눈동자도

물뱀처럼 지나간 오늘 하루 곳곳에
감추어진 내 속살이 드러난다

이 나이 먹도록

이 나이 먹도록 내가 어떤 사람인지 모른다

어느 작가가 인생은 전쟁도 아니고
버티는 것도 아니라 했는데
어쩌면 나를 두고 하는 말 같다

그동안 세월이 나에게 무슨 짓을 한 거야!

이 나이 먹도록 내리는 비를 피하려고
수많은 우산으로 바꿔 썼지만
결국에는 다 젖었었다는 것을 고백한다
생에 그냥저냥 끌려다니느라 분주해서
생각이란 것을 하지 않고 살았다는 것도
고백한다
이 나이가 되어서야
내가 어떤 색깔의 사람인지 궁금해지다니
코로나에 걸려 꼼짝없이 방에 갇힌 어느 날 새벽
날이 새길 기다리다가
문득 나는 어떤 사람인가?
기가 막혀
이 나이가 되어서야 내게 물어보다니

오늘 또 다른 하루에 발을 냉큼 들이밀고
서래한다

내가 어떤 사람인지 모르는 것을 아무에게도
발설하지 않기를

배웅하듯이

해마다 가을이면
나뭇잎 찬란히 밝히는 아침햇살을 사랑했다고
그 나뭇잎 조심히 흔드는 잔바람을 사랑하고
무엇보다 화사하게 치장한 나뭇잎들을
사랑하지 않을 수가 없었다고 고백했다

해마다 여름이면
그 나뭇잎들이 내려놓은 넓적한 그늘도 사랑했고
그 그늘에 앉아 있다가
환한 나뭇잎을 떠받치고 있느라 어둠이 된
나뭇잎들을 더욱 사랑했었다고 고백했다

올여름
힘든 하루를 보낸 나에게 우산을 씌워주듯
땡볕을 가려준 저 빽빽한 나뭇잎들이 고마워서
멀리 떠날 채비를 하는 나뭇잎 아래 그냥 말없이
오래 서 있었다

충전의 시간에도

앉아 있는 꼴을 못 보는 노동이 나를 부른다
잠깐이라도 평안이 내 곁에 머물까 봐
안녕할 수 없는 사건을 던져주기도 한다

입맛이 없는 날
무기력해진 몸이 소파에 묻히면
티브이가 나를 구독하여 영혼까지
영화나 드라마에 묶어두지만
머릿속에는 온통 다른 생각으로 꽉 차서
대사를 읊조리는 주인공과
내가 바라보는 곳이 달라
마주치지 않는 눈빛이 아득하고
삐딱하다

어떤 날은
수면 시간에 가본 적도 없는 사막에서
막 번지는 노을 제일 뜨거운 곳에 닿으려는 듯
손을 휘저으면 모래 언덕이 입을 벌린다

옹이 같은 감정을 줍다

몽당연필에 침을 묻힌다
상처 많은 글자들을 그냥 보내지 않으려고

국화빵 한 입 꾹 베어 물었을 때
슬픈 의자에 앉아 있던 추억과 눈 마주쳐
입천장 벗겨져도 그냥 삼켰다

빌딩 사이 장미정원이 아무리 화려해도
시골 모퉁이 찔레꽃이 더 마음 가는 것은
햇살을 반기는 모습이 서럽도록 화사해서다

참새가 끼니를 먹느라 분주한 저녁 시간에
한쪽 볼이 저문 내 신발을 신고 졸고 있는
꽃잎을 말없이 바라보는

내 문 한 짝에
저녁 해가 비스듬히 기대어
같이 어두워진다

절차탁마(切磋琢磨)

보아라
끊임없이 몸을 갈고 닦아
모서리 하나 없이 옥돌이 되는
저 몽돌을

세로토닌(serotonin)

가족 만남도 막은 코로나
섬 아닌 섬이 되어 웃어 본 날이 언제인가
아, 햇살 과즙이 터지는 저 아이의 웃음

축 복

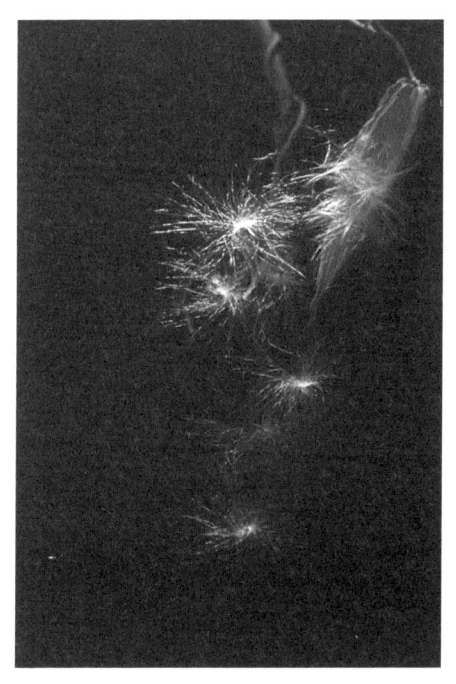

거스를 수 없는 작별의 순간마저
예술로 승화한 저 생불들

주름

거친 삶 다독이며 늘어난
저 주름
삶을 한 음절씩 조율하던 아버지의 고뇌이고
세월의 무늬가 선명한 어머니의 이마이다.

이럴 때가 있다

세월을 건너는 동안 삶의 잔물결이 수없이 눈에 들어왔지만 예고 없이 가슴 밖으로 솟았던 거센 물결만이 남아있고 얼마 안 가 그 물결 허물어질까 싶어 잠을 설칠 때가 있다

세월을 건너는 동안 물결 다 흘려보내면 연기에 그을린 육신으로 삶에 덧붙이지도 않은 부록을 읊으며 부록처럼 살아갈까 근심할 때가 있다

오래 바라보아도 밉지 않은 풀꽃이고 싶지만

의지와 상관없이 몸빼바지에 핀 꽃밭을 배회하면 누군가 감싸주겠지만 누군가 추억을 수선하여 친절하게 돌려주겠지만 하루에도 몇 번씩 마음 밖으로 나가 배회하게 될까 하는 이런 마음을

살아갈 날이 많은 사람은 알 수 있을까

나비가 그리운 날

오랜만에 나랑 커피 마실래
흩날리는 빛 고운 낙엽들의 자유를 바라보며
카페 뜰에서
아니면 몇 조각의 가을이 아직 남아 있는
내 집 마당에서 마실래
그동안 매일매일 나를 소비하느라 너무 바빴어
잠깐 멈췄다 가자
이도 저도 내키지 않으면 바람 따라가는 낙엽처럼
까닭 없이 깃든 서글픔을 데리고 멀리 갈까
바위를 한 방 때리고 하얗게 스트레스를 날리는
파도가 있는 해변으로 가자
생각해 보니
내가 너무나 오랫동안 외진 곳에 있었나 봐
처음에는 이상하게도 슬픔이 씻긴 듯했지만
생동감 없는 나른함이 점점 자라나
자꾸 돌아보는 습관을 빛 고운 낙엽들이 부추기네
나랑
그냥 커피만 마실래
쏘다니며 커피 마실래

비 오는 날

비가 후드득 온다
빗방울의 무게를 온몸으로 맞이하는
나뭇잎과 풀잎들
고개 숙인 저 침묵
후드득 오는 걸음에
어떤 슬픔이 이곳까지 묻어왔을까
왈칵 쏟아지지 않는
후드득 떨어지는 눈물은
너무 막막하거나 너무 황당할 때
멈칫거리는 눈물이다
어디서 온 슬픔인지는 알 수 없는
어떤 사연인지 알 수 없는 눈물을
감당하고 있는
나뭇잎과 풀잎을 보다가
고요히 눈을 감는다
내가 먹여 키운 내 안에 슬픔이
나를 꼭 껴안는다

자화상

일을 내려놓고 파란 탁자에 앉아 있는데
바람에 밀려 쏟아지는 나뭇잎들 틈에서
다급하게 "밀지 마, 밀지 마"하는
빠른 몸짓의 수화를 보았다
손바닥을 폈다가 오므렸다가
뒤집었다가 추켜올렸다가 하면서 바람을
밀어내기도 하는 단풍잎도 보인다

양귀비꽃도 온몸으로
바람을 밀어내다가 밀렸다가 한다

시골에 온 후로
저 나무들처럼 한곳에서 말없이
손가락으로 풀을 뽑고
몰려드는 모기를 손바닥으로 쫓고
하루살이를 손등으로 밀어내며
쏟아지는 햇볕을 양손으로 가리고
지나가는 헬리곱터에 손을 흔들기도 한다
마당 가득 밀려드는 적막에 잠길까 싶어
수시로 쓸어낸다
시간에 쫓기며 고추와 상추에 물을 주고
하루를 밀어내고 허리를 펴면
산 능선에 차오른 노을을 구름이 밀어내고 있나

별책부록

고요히 흔들리는 억새 은빛 머릿결이
아름답습니다
종처럼 흔들리다가 우수수 날리는 낙엽 소리도
수숫대 하나 보이지 않는 들녘도 아름답습니다

이 아름다운 가을을 여덟 번이나 맞이하는 곳은 고향
아궁이에 꺼진 어머니의 불꽃과 불 지필 수 없는 삭정
이들, 모든 게 낯설어 한 뼘쯤 때로는 한 길쯤 솟구치는
마음의 물결을 허무는 동안 그 물결은 같은 자리에 내
려앉지 않았으나 입은 그냥 빙긋이 웃습니다
삐딱하게 기울고 있는 감정의 무게에도 아무렇지 않은
듯 시간의 벽을 쓱 문지르면 영혼의 뿌연 각질이 떨어질
때도 있지만

이른 아침 앞산에서 피어오르는 선명한 붉은 색깔과
저녁 하늘이 붓질하는 노을 꽃물과 마주치면
신앙처럼 절로 매무새를 바로잡고 숙연해집니다

노송 아래 쪼그리고 앉아
햇살을 꾹꾹 눌러 담고 있는 각시붓꽃에서
간장종지만큼의 행복을 얻어 내기도 합니다

오늘까지 어김없이 성실하게 지나간 세월을
이탈하지 않았다고 사계절을 지분으로 받았습니다
그 지분은 내 삶의 별책부록입니다

바람 부는 날

숲인지 바다인지 구분 못하고 몰아치는 바람은
파도인가

바람이 닿은 숲이 출렁이자
놀란 치어 떼로 몰려나온 나뭇잎들
쏜살같이 사라지고
고래처럼 높이 튀어 오르던 검은 비닐 조각은
지느러미 흔들며 유유히 멀어진다
모든 풀과 넝쿨이 넘실댄다
대지와 하늘 사이
플랑크톤 하나 없는 난류 속에서
모든 자연은 파도가 되어 생기가 넘친다

평생을 한 곳에서 벗어날 수 없는
쏘다닐 수 없는 것들의 간절한 기도에 닿을 때까지
권태로울 때마다 얼마나 엿보고 있었던가
저 바람을

꽃

화살촉 같은 볕이 쏟아지는 한낮, 할머니가 등을 동그랗게 말고 호미 같은 손가락으로 잡초를 뽑고 있다

"힘들게 왜 잡초를 뽑으세요"
촉촉한 눈을 비비며 빙긋이 웃으신다

늘 바뀌는 오늘이 매번 어제 같은, 뒤집었다 펴고 접었다 펴도 늘 밋밋한, 습습하지 않은 시간이 늘 시틋하군요 서글픔이 응집된 무릎이 활시위처럼 굽은 등을 떠받들고 풀을 뽑으며 눈물샘에 두레박질하는 생각을 끊어내고 있군요.

피붙이가 그리워도
외롭다고
잠들지 못하고 뒤척이는 밤이
북한산 백운봉만큼 쌓인다고
여름 내내 우는 매미처럼
늦은 밤까지 외쳐대는 개구리처럼
그럴 수는 없잖아요

대지는 작은 꽃 한 송이에 미소 짓고
밤하늘은 아스라한 별빛으로 적막을 견디듯이
스스로 키운 슬픔에 마음을 가두지 말아요
외로움에도 가두지 말아요
자, 같이 웃어요. 어르신

무인도

인생은 바다
나는 무인도

아무리 친구가 많아도
가족이 있어도
내가 나를 책임져야 하는

삶은 바다
나는 무인도

속삭임

주눅 들지 마!
혁명도 없는 소심은 우주로 보내 버려
불구의 어깨가 보이지 않도록
당당하게 가슴 펼 수 있게
날개가 되어 줄게
마음의 오지에서 이사하고
홀로 빛나는 달처럼
홀로 눈 부신 해처럼 거리를 걸어 봐
바람이 없어도 어깨 위에서 나부껴 줄게
심심한 얼굴에 반사된 꽃무늬로
통속 소설의 주인공이 아닌
장미 향기를 거드는 나비가 되게 할게
이 말이 농담처럼 끝나버리지 않게
화려한 나를 거부하지 마!
투우사 망토처럼 힘차게 바람을 일으켜
목에 둘러봐
장롱 속에 잠든 머플러
아름다운 비상을 깨워 줘

마음 변두리를 맴도는

하얀 국화 꽃잎에
슬픔 한 조각을 살포시 끼워 넣어
친구 영정 아래 두고 온 날 밤

젖은 가슴에
와르르 망초꽃이 차오른다

슬픔이 묻어 있는 달빛
푸른 설움이
나뭇잎 크기만큼 번득거리고
애도하듯 흐르는 풀벌레 소리에
수심이 점점 깊어지는 이 밤

슬픔에 깨어 있는 눈물 속으로
별 하나가 슬며시 끼어들고

오늘, 눈물 위를
종종걸음으로 지나간 위로가
전단(傳單)처럼 밤바람에 쓸려 되돌아온다.

살어리랏다

이쁜 것들도
미운 것들도 다 상처받으며 사는 세상이지만
우리 모두 대륙의 한 조각이 되어
너의 꽃
나의 꽃 피워 보세

쿠폰

마음이 힘드신 분들을 위하여
어디서든 뽑아 쓸 수 있는 행복 쿠폰이면 좋겠습니다
당신이 어디에 있던
울적할 때마다 뽑으면 저 꽃처럼 마음이 환해지는
매직 쿠폰이었으면 좋겠습니다

벽

누군가는 미끄러졌을 것이고
누군가는 굴러떨어졌을 저 벽을
서로 손잡고 한 땀 한 땀 길을 내며
벽이 되는 몸짓
얼마나 섬세한 아름다운 삶인가!

나도 저럴 적 있었지
비 오는 날 동생들과 마루에 나란히 걸터앉아
발등에 낙숫물 맞으며 멍하니 앞산 바라보다가
사마귀 생긴다고 엄마가 부지깽이 들고나오셨지
결국 옷은 다 젖었지만 말이야

이월 초닷새 아침에

뜰에 나가니
크로커스가 하얀 꽃을 활짝 열고 몇 가닥의 찬바람이 앙상한 나뭇가지 사이로 휙 지나가는 소리를 듣고 있다
잠잠하던 낙엽들이 자석처럼 바람에 달라붙어 따라가는 소리도 듣고 있다
나보다, 먼저

바람 따라 사라졌던 나뭇잎들 허공 구멍에서 떨어지는 것도 보고 있다 슬픈 표정도 없이 담담히
나보다, 먼저

나팔 모양으로 갈라진 앙증스러운 꽃잎을 자세히 들여다보니 뜬금없이 "봄이다!"하고 외치는 소리 없는 파장이 가슴에 파동으로 차오른다
써늘한 햇살로 날아오른 낙엽들이 새처럼 바람을 밀어내고 있다

눈이 부시도록 화창한 날

잘 마른 낙엽을 모아
양은 대야 가득 고인 햇살에
튀겨 보고 싶다

낙엽 속에 스며있는 것들을
아삭아삭 씹어보고 싶다

연둣빛 첫사랑이
초록에 함빡 젖어 들어 뿜어내는 풀 내음을

익어갈수록 불꽃처럼 사그라드는 정열을
한 벌의 수채까지 다 벗어 놓은 앙상한 정적을

잘 씹어 맛보면
바람도 몸서리칠 한점의 무(無)가 될까

꽃 진 자리는

튤립꽃이 피었다
지난해 여문 행복이 그리워
노란색으로 피었을까
사랑과 열정의 기억이 생생하여
붉은색으로 피었을까

피어나느라 한바탕 내면을 소비하고
이 계절과 헤어질 때가 되면

견디기 괴로워서
견디기 서러워서 꽃은 질 테지

꽃잎 하나하나 깨어질 때마다 몹시 아프지만
왠지 그 꽃잎 눈부시다

그 꽃잎 또 무슨 힘으로 날아가는지

텅 빈 곳을 메우는

하늘색으로 오른쪽 여백을 칠하던 구름이
삐끗하여 물감을 주르르 흘리자
정수리에 물감을 뒤집어쓴 상수리나무
오늘의 운세에 팔짱 끼고 크게 웃고 있는데
건들거리며 다가온 바람이 어깨를 툭 치고
숲으로 달려드니
마릴린 먼로 치맛자락처럼 말려 올라간 나뭇잎들
드러난 속곳을 어찌하지 못하여
함성으로 틈을 메우고 함성으로 가린다

응달과 햇살은 땅따먹기만 한다

세파에 한 번도 긁힌 적 없는 표정으로
행복 바이러스를 뿜어내는 튤립꽃 옆에서
어린 작약 얕은 잠에 눈을 감았다 떴다 하고
곱게 칠해 놓은 하늘벽을
발톱으로 할퀴고 지나가는 까마귀

외출에서 돌아온 참새가
잔디에 부리를 씻고 노래 부른다

잔디에 흩어진 뾰족한 참새의 음절을
엄지와 검지로 집어 빈 허공에 히니씩 막으니
별처럼 반짝인다

서쪽 하늘에서는 노을이 두루마리를 펼친 후
헐거운 쪽을 메우려고 용을 쓰느라 온몸에
열꽃이 발갛게 돋아 번진다

삶의 MSG

밥을 혼자 먹지는 않지만,
시간의 길에 홀로 머물다가
나를 태우고 익어가는 삶의 한 호흡으로
한 발짝씩 옮길 때마다
공기처럼
바람처럼
외로움이 한 조각씩 묻어와요

어디서 오는지는 알 수 없지만
한 겹 두 겹 쌓이고 쌓이면 울컥해요

깊은 한숨을 뱉어낼 때 알았어야 했어요
내 안에서 피고 지는 꽃에
내가 뭘 해주었는지를

밥을 먹다가 베어 문 풋고추 매운맛에
눈물 흘리다가 알았어요
외로움이나 슬픔은 MSG 같은 것
삶을 극대화하는 조미료라는 것을

한 잎의 남자

손끝만 닿아도 툭 터질 것 같은 한 방울의 여자가 아닌, 소슬한 바람에도 쉬이 흔들리는 한 잎의 여자가 아닌, 큰 키에 팔을 뻗으면 시퍼런 물빛 하늘을 향해 펄럭이는 한 잎의 남자가 있었네

한 방울의 눈물도 쉬이 흘리는 연약하고 수줍은 한 잎의 여자가 아닌, 초록이 싱싱한 한 잎의 남자, 그 한 잎의 그늘에 안기어 바람 그네를 탈 수 있는, 구름으로 폭신한 베개를 만들어 깊이 잠들게 자장가를 불러주고 싶은 한 잎의 남자가 있었네

손가락으로 빠져 사라지는 한 방울이 아닌, 순간 날아갈 것 같은 가벼운 한 잎이 아닌, 듬직한 한 잎의 남자, 동굴 음성으로 나직하게 말하는, 가을 같은 음색으로 마음을 여는 한 잎의 남자가 있었네

한 잎의 여자를 사랑한 오규원 시인처럼, 한 잎의 남자가 있었네

민낯이 눈부신 어느 봄날

방문 앞에서 기다리던 햇살은 소리 없이 돌아가고
울타리 없는 허공을 제멋대로 드나들던 참새 한 쌍이
풀 뽑다 나무토막 위에서 햇살을 덮고 잠든
호미의 곤한 잠을 깨우고 있다

세상에서 제일 앙증맞은 표정으로 앉아 있는
삼색제비꽃에
망치 같은 벌 한 마리가 튕겨 들고
하늘의 기를 모으는지
종지 같은 꽃잎을 허공으로 모으고 있는 목련

파리 한 마리 백구 눈썹을 자꾸 간질여도 몰라라
꼬리에 묻은 햇살만 털어내는데
개집 앞 응달이 살그머니 일어나 해를 밀어내고
해는 몸을 돌려 삐져나온 응달의 몸을 갉아 먹고 있다

튤립꽃에 전염된 햇살은 독처럼 붉다

양은 대야에서 쉬고 있던 햇살 알갱이들
하나둘 앙금앙금 바닥으로 기어 나오고

밭일하는 여인 등에 소복이 업혀있던 봄볕이
스멀스멀 흘려내려 이랑에 퍼질러 눕는다
몸으로 덮어주고 있는 여인 무릎 사이로

삐져나온 햇살의 발등을
개미 한 마리 숨죽이고 살금살금 기어오른다

비 내리는 날

빗소리를 감상하다가 종이에 쓴다

비가 내린다
빗소리가 무거워 양귀비꽃은 휘어지고
비는 여전히 내리고

시작은 시 같은데 그다음은
비에 지쳐가는 꽃의 모습을 써야 좋을지
빗소리에 촉촉해진 내 마음을 말해야 좋을지
아니면 비 맞으며 일하는 농부를 끼워 넣어야 좋을지
막막하여 턱을 괴고 뚫어지게 비에 젖은 풍경만 바라
보다가

모든 초목
촉촉한 느낌이 무거운 듯
아니면 빗소리에 잠겨 명상 중인 듯 침묵하고
빗소리는 더 촘촘해지고

이렇게 쓰고 바라보니 시 같아 마음이 느긋해진다

불쑥 다가온 남편이 유심히 보더니
나도 그 정도는 쓰겠다는 말만 남기고 지나간다

됐다

척 보고 무슨 말인지 아니까 잘 쓴 시다

어느 평론가가 말했다
초등학생이 읽어도 공감할 수 있는 시가 좋은 시라고
종이를 접고 일어서는데

누가 언니하고 부르길래 돌아보니 이웃사촌이다

꽃무늬 장화에 자그마한 양산을 쓰고
촉촉한 바람에 팔랑거리는 원피스를 입고
활짝 핀 웃음을 입 볼록하도록 물고 오는 모습이
상할 마음 하나 없는 꽃이다

겉돌고 있는 행성

분주한 시간이 저물어갈 즈음
텅 빈 노트 한 페이지처럼 앉아 있던 여인이
다닥다닥 기대앉은 햇살 무게에
축 늘어져 있는 주발만 한 수국 꽃숭어리를
우두커니 보고 있다
바람이 등 뒤에서 밀어보지만
저물어 가는 시간이 등을 토닥토닥 두드리지만
수국 꽃잎 사이에 숨겨둔 내일의 비밀번호를
찾으려는 듯 촘촘히 헤집고 있다

수국 꽃숭어리와 하나가 되어가는 여인

셔츠에 핀 꽃이 뭉글뭉글 자라나고
고인 햇살 한복판으로
구명조끼를 입은 벌이 날아들자
범람하는 꽃물 벽에 납작하게 붙어
셔츠에 핀 꽃을 바라보는 여인의 몸에
달콤한 향기가 난다

오늘도 어제와 바뀐 것이 없었으나
아무것도 달라지지 않을 내일이겠으나
수국 촘촘한 꽃잎처럼 부푼 여인의 머리는
수국 꽃숭어리와 하나 되어 안척할 각오를
고민한다

자꾸 달의 곡선으로 기울면서

풀

바람 불어 풀이 눕는다
나부낄 바람 없어도 노인이 눕는다

풀이 누워서 흐느낀다
노인이 누워서 눈물 흘린다

바람 없이도 맥없이 눕는 풀
바람 없이도 맥없이 눕는 노인

지나간 인생이 덧없어서
노인은 풀보다 오래 눕는다

인생

곧게 살아야 한다고
밤낮으로 꼿꼿이 서 있더니
휘어진 바람에 밀려
꼬꾸라졌구나

미덕이라고 휘어져 살더니
수직으로 밀어붙이는 힘에
꼬꾸라져 체면이
말이 아니구나

꽃을 신고

비스듬히 흙에 묻혀 있는
종이컵 속에 작은 꽃 한 송이

종이컵이 꽃을 신고 있네

꽃을 신고
한 모서리가 허물어지고 있네

얼마나 걸어보고 싶었을까
얼마나 몸을 치켜세웠을까

나비가 찾아와 부추기지만
꽃신을 신고 늙어가네

주름에 뺨을 대고 있는 꽃 한 송이
해맑기만 하네

마무리

분화구 같은 가슴에서
검게 탄 심장들이 쏟아진다
한때
아름다웠던 계절을 비워내는 중이다

입주름

해마다 밀려드는 수많은 생을 다독이느라
얼마나 많은 잔소리를 궁굴렸을까!
이빨 하나 없이
아직도 궁굴리느라 입 다물지 못하고
우물거리는 저 입

백세시대

이빨 빠지고 허리 굽어 불쌍하게 보이니?
세월, 잠깐이다
청춘도 눈 깜짝할 사이에 지나가니
아껴 쓰거라
내 모습이 바로 너희의 미래다

아버지

들을 바라보며
"밥은 먹었냐?" 하던 무뚝뚝한 말보다 먼저
빙긋이 피던 주름 꽃이
느티나무에서 푸른 잎으로 피고 지고
지고 피고

그렇게 먼 길이었군요

어제 느닷없이
사랭이 골에는 비가 와서
풍경도 나도 흠뻑 젖었는데
도암정에는 오지 않았군요

오늘은 쨍쨍한 해 때문에
흘린 땀을 담으면 한 말은 넘을 텐데
거기에는 종일 흐렸다고요

당신과 내가 산 하나만 넘으면 만날 수 있고
자동차로 5분이면 오고 갈 수 있는데

그렇게 먼 길이었군요.
비와 해는

소리 내 읽으면

패랭이꽃을 감상하는 나비를
유유자적하는 구름을 읽노라면
은근히 차오르는 행복을 실감합니다

힘든 하루를 끝내고
오래 같이 살아도 닮지 않는 남편을
곁눈으로 탐독하고
안부를 묻는 새끼들 따스한 목소리를
감상하며
여태껏 나를 거쳐 간 슬픔과 기쁨이
쉬고 있는 추억을
나를 키우고 있는 계절을 크게 낭독합니다

이렇게 누구나 다 가진 특별한 것도 없는
어쩌면 권태롭기도 한 것들이
나와 어울리지 않을 것 같은 한 부분도
소리를 내 읽으면
아주 잠깐이나마 시인이란 착각에 행복합니다

낙엽처럼

나도 바닥에서 구르면
세파에 펄같이 달라붙은 삶의 무게가
가벼워질 수 있다는 생각을 못 했네

아픔이 밟고 지나간 자국과
다양한 물감으로 무늬 진 눈물의 얼룩이
옅어질 수 있다는 것을 미처 생각 못 했네

생의 얼룩이 옅어지고 삶이 가벼워지면
낙엽처럼
날개도 없이 사뿐히 날았다가
미끄덩거림도 없이 바닥에
닿을 수 있다는 것도

삶이 가벼워져
바람에 솟구쳐 훨훨 날고 있는 낙엽
경이로운 자유 앞에서
바보같이 이제야 중얼거리다니

김낙향의 풍경소리

초판 인쇄 ; 2024년 09월 25일

지은이 ; 김락향
발행인 ; 김유권
편집인 ; 오영록, 김숙희,강현숙

펴낸곳 : 오늘
주　소 : 서울 구로구 구로동 609-24
전　화 : 02-830-0905
등　록 : 제 25100-2011-00061
인　쇄 : 영창 02-2273-3213
　　　　010-3254-2159
저자멜 : anmyon1234@hanmail.net

ISBN : 979-11-90384-27-8(03810)

값 16,000원